愛哭的人才不是膽小鬼

精神科醫師
Tomy／著
連雪雅／譯

積木文化

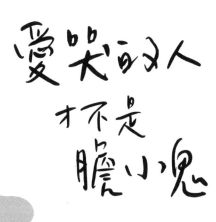

前言

我叫Ｔｏｍｙ，現職是同志精神科醫師，也是專欄作家。

十年前註冊了推特的帳號卻幾乎沒在使用。後來偶然聽到朋友迷上推特，讓我也打算要好好活用，那是二〇一九年六月的事。

起初只想發些對大家有幫助的推文，於是想到「高效解憂語錄」。精神科醫師的工作基本上是診斷患者有沒有生病，然後進行必要的藥物治療。雖然很想多給一些貼心的建議，但因為患者很多，看診時間有限。以我的情況來說，一天只能看數十名患者，實在少得可憐。不過，透過推特就能和更多人分享我的診察意見。

幸好我有很多梗。成為精神科醫師差不多十五年了，記錄了許多平時派得上用場的話。因為想在推特上把那些話告訴大家，試著發推文後，追蹤者迅速增加。和廣大的追蹤者互動的過程中，激發我想出新梗，新的話語就這樣不斷產生。六月時的追蹤人數才三千人，不到半年時間就超過十萬人。

本書就是從推特精選的「解憂語錄」集結而成。曾經有位追蹤者告訴我：「睡前想多看幾次Ｔｏｍｙ醫生的話。」本書的誕生也算是回應了那樣的期待。

無論是睡前、早上工作前，或是因為工作感到疲憊時，請多多翻閱本書。若本書能讓各位的心情稍微變好，我會非常開心。

Contents

Chapter 2

其實人際關係沒有改善也沒關係

Chapter 3 真正需要煩惱的事其實沒那麼多啦

Chapter 4 變堅強的方法是減少堅持

Chapter

1

讓別人感到失望沒什麼大不了

Tomy聊天室

001

放下

減少壓力的方法
只有一個，
那就是「放下」。

放下執著。
放下「必須這麼做」的念頭。
放下想控制他人的慾望。
能夠放下的事有很多喔，
放下越多，心越輕鬆。
無論如何都無法放下的會留到最後，
那就會與你一起存在。

Tomy聊天室

002

失望

讓別人
感到失望沒什麼大不了。

堅持去做想做的事，
難免會讓有些人失望。
但明理的人不會感到失望。
而之後才理解的人，
即使失望也不會說。
最不明理的人才會特地跑來告訴你：
「我對你感到失望。」
不過你不需要在意那種人！

Tomy聊天室

003

突如其來的示好

遇到突然對你示好的人，
基本上就當他是
某天會「突然討厭你」的人。

這種人通常一開始會把對方想得太美好，
一旦幻想破滅後就變得討厭對方。
那是他們慣有的技倆，
所以啊，別跟這種人太認真。
不過，若能包容這種性情，或許會成為好朋友。

Tomy聊天室

004

退出

當內部
發生問題時，
正直的人總會先退出。

而且正直的人，
通常是不動聲色地退出，
所以讓人很難察覺問題出在哪裡。
因此，如果沉著穩重的人平靜地退出，
就表示隱藏著很大的問題；
反之，如果只有古怪的人大聲嚷嚷抱怨時，
反而就沒什麼大問題了。

Tomy聊天室

005

擔心未來

容易擔憂的人
經常會忍不住
操心將來的事。

將來的事誰也不知道，
而操心那些未知的事，
難免讓人變得杞人憂天。
但是，請試著回想看看，
一直以來你不都是順其自然地活過來的嗎？
往後也會如此，所以放寬心吧。

Tomy聊天室

006

疲累

當精神狀況變差的時候，
以往不在意的事
就會變得莫名在意。

大腦有好比「防波堤」的功能，
可以阻擋一些不必要的情報，
但是一旦感到疲累就無法發揮作用。
例如他人的視線、不好的新聞等等都會產生負面想法，
當你無法忽略這些就表示你累了。

Tomy聊天室

007

被排擠

被排擠時
該怎麼做才好呢？
就隨它去吧！
就算被排擠也不會怎麼樣的！

硬要湊在一起，
彼此都不會覺得開心。
不要把被排擠和被霸凌畫上等號，
「那群人和我合不來」
不過就是這樣而已。
而且就算身為少數，也並非就是錯的啊！

Tomy聊天室

008

憤怒

憤怒這種情緒
通常會在
「對方令你感到失望」時爆發。
所以，不期不待
就不會動火發怒。

懂得這麼去想自然會明白——
現實中期待往往落空。
因此，淡定的人總是不抱期待，順其自然。

Tomy聊天室

009

自我肯定

提升自我肯定感的方法，
不是利用別人來填補
自己的不足喔！

放聲高歌也好，外出跑跑步也行，
學點東西也可以，或是來趟旅行。
以你的方式去思考、去嘗試，
但不要利用別人來填補內心的空缺，
這樣只會陷入沒完沒了的惡性循環而已。

Tomy聊天室

010

勇敢走出去

如果有想去的地方，
那就順從你的心，
邁開步伐去吧。

老是想著「有空再去」，
漸漸地就會打消念頭。
一旦有了想去的想法，
順勢而行反而容易有意外的發現。
不只是實際的場所，人與人的際遇也是如此。

Tomy聊天室

011

學習敷衍

優秀的人啊，
個個都是「敷衍高手」。

這些人並非凡事都拿手，
而是懂得敷衍應付自己不需要的事物。
因此，他們能夠充分發揮自身實力
在自己真正想做的事上。
「如果只是因為大家都在做，所以跟著做」，
那種事真的有行動的必要和意義嗎？

Tomy聊天室

012

價值觀

世上最可怕的是
堅信正確的價值觀
只有一種。

這個世界是由各種立場、想法、
價值觀交錯而成。
這些都如同生物一般，會隨著時間改變。
若以單一價值觀去做判斷，
等於是在傷害、否定無數的他人。
所以請保持一顆柔軟、可塑的心。

Tomy聊天室

013

不要過度依賴

人生中最能規避風險的方法之一是——「不要過度依賴特定的人際關係」。

再美好的人際關係也可能突然輕易失去了。因此，關係中最好維持適度的緊張感。即使如琴弦般纖細，也要留下一根弦芯。持續一輩子的關係，是結果，而非必然。

Tomy聊天室

014

停止要求

和某人的關係
變得尷尬時，
試著問問自己
「是不是開始
對對方有所要求？」

當初只要在一起就很開心，
但不知不覺中，開始對對方有所求，
導致彼此關係惡化。
想要改善關係，請試著停止要求。
與其期待對方的表現，不如主動付出。

Tomy聊天室

015

冷處理

遭受到
他人惡意的對待，
不必為此生氣或難過，
只要心想「原來他是這種咖」，
冷處理就好。

為了那種人崩潰實在是太不值得了，
只要這樣想開了，就沒事了。

Tomy聊天室
#1
自我肯定是指……
自我肯定是指「自己認同自己」
做得好！
尋求別人的認同
TANUKI
大家快來看！按個讚！15小時前
0人
不是「由別人認同自己」。
TANUKI
大家快來看！按個讚！
發布
這是有意義的事。
超棒的～我真是天才啊～
咔嚓
咔嚓
TANUKI發出了按讚的邀請。
那是完全相反的行為。

Tomy聊天室

016

想做再做就好

再怎麼喜歡工作或唸書
也不能卯起來做。
沒有適時踩煞車的話，
大腦會承受不住。

憂鬱症就是在這種情況下爆發。
覺得累、覺得麻煩或提不起勁
卻又非做不可，
這種時候請先停下來，想做再做就好。
不想做的心情，其實是老天在告訴你：「該踩煞車了！」

Tomy聊天室

017

真正的朋友

朋友才不會
因為沒有經常相聚
就對你變得冷淡。

即使分隔兩地，想見面的時候，
還是會為你騰出時間，
和你促膝長談；
當你有煩心的事，
願意聽你說話、幫你解決煩惱。
這才是朋友。

Tomy聊天室

018

出言挑釁

遇到有人出言挑釁：
「有種你來啊！」
千萬別上當喔。

這是因為
挑釁你的人認為一旦起爭執，
就能從中獲利。
捲入紛爭，
對你沒有任何好處。
遇上刻意找碴的人，
能閃就閃才是明智之舉。

Tomy聊天室

019

保持原則

「既然對方不誠實，
那我也可以不誠實」
千萬不可以有這種想法喔！

即使對方不誠實，也不能改變自己的原則。
仔細觀察後，
認為對方的確不誠實，就遠離他吧。
面對不誠實的人，最好的應對就是
盡可能減少他對你造成的影響。

Tomy聊天室

020

真正珍惜你的人

懂得珍惜你的人，
不會滿口甜言蜜語，
也不是
只會坦護你的人喔！

他會用行動讓你知道，
你是無可取代的存在，
所以不會令你感到不安。

Tomy 聊天室

021

厭己

討厭自己的人注意！

真的很糟糕的人，
是沒有自覺也不會反省的。
別把自己想得那麼糟，
其實你很棒喔！

Tomy聊天室

022

感到不安

對將來感到不安的人，
請你試著這麼想：

1. 任何事總會有解決的辦法。
2. 真的解決不了的時候就是人生的轉捩點。
試著展開新的行動就好。

大部分的不安都是1，偶爾會是2的情況，
因此根本不需要擔心。

Tomy聊天室

023

狀況不佳

好像有點發燒、
全身無力的時候，
就當成是「身體狀況不太好」，
躺著休息吧！

精神也有所謂「狀況不佳」的時候：
・想起不好的事
・比平時更在意小事
・情緒起伏大……諸如此類。
這些時候，躺著休息
就會舒坦多了。

Tomy聊天室

024

悶悶不樂

有什麼感到鬱悶的事就放手去做吧！

悶悶不樂的人通常都是壓抑著想說的話、想做的事才感到鬱悶。如果能忘記倒還好，但通常就是因為沒辦法才感到鬱悶。既然如此，那就別再壓抑自己，Just do it！

Tomy聊天室

025

活著的意義

覺得活著好累，
是你太在意活著一定要有意義。
別想太多，
隨心所欲地活吧！

不需要透過
旁人的角度冷靜審視自己的人生。
像小蟲子那樣輕鬆的活著就好啦！
牠們根本不會去想「我該怎麼活」。
所以，一起開心地過每一天吧！

Tomy聊天室

026

別說人壞話

仔細想想
沒說別人的壞話
不也活得好好的嘛。

想說某人的壞話時，
請試著改成說別人的好話。
經常這麼做，漸漸地，
你就不會想起討厭的人囉。
試著從行動影響想法。

Tomy聊天室

027

經歷苦難

克服苦難的人，
將會淬煉出成熟的人格。
沒有人在經歷過苦難後
反而變得不成熟。

你我都有把消極負面的事
轉換為積極正向的能力喔！
這是每個人都擁有的能力。
就算沒有感覺到自己擁有這股力量，
即使現在承受著痛苦，
海闊天空的那天也必會到來。

Tomy聊天室

028

選擇對象

人類其實是
反覆無常的生物。
在選擇對象的時候也是。

所以啊，「喜歡和這個人在一起時的自己」，
只要和讓你有這種感覺的人在一起就好啦！

Tomy聊天室

029

陪伴的可貴

說到底，
總是相伴在旁的人
最珍貴喔！

因為總是相伴在旁，
內心也會堆積一些小小的不滿。
儘管如此，和對方陪伴的可貴相比，
那些不滿都只是小事而已。

Tomy聊天室

030

被孤立

如果被孤立了，
「算了，這群人和我
合不來啦！」
這樣去想就好。

那群人的老大
在別的地方未必吃得開。
與其為這點小事難過，
不如繼續維持自己的作風，
別理會那些人就對了。

Tomy聊天室

031

要求回報

有種病叫平等病，
得病的人會說：
「我付出這麼多，
對方卻不願意那麼做！」

像這樣不自覺地要求回報，
會令對方感到心力交瘁，
自己也會累積無謂的壓力。
別去計較眼前的平等，
想成是做有助於對方的事，
好意是要先付出的。

Chapter 1

Tomy諮詢室

諮詢

「我在公司裡有合不來的人。她總認為自己是對的，經常說同事壞話或否定別人的人格。我和她的想法真的合不來，她卻老是要我認同她。我該怎麼做才好呢？」（43歲，女性）

既然對方無藥可救，那就什麼都別做。

這種人啊，聽不進去別人說的話。他們只是想尋求認同。找人傾訴是為了得到認同，才不會因此改變自己的想法。就算他們聽的是令無數人感動落淚的演講也是這種態度啦。

所以，淡定的做你的事，不要有太多回應。即使對方要你表示同意，隨便敷衍一下就好。例如「是喔」、「哦～」。當對方明白你沒有認真在聽，就會覺得沒意思而閉上嘴。

另外，你要做好心理準備。也許某天她會說你的壞話，或是已經在說了。不過，這種人說的話，旁人通常不會當真。她講的壞話不會對你造成傷害，別擔心。

既然無法讓這種人改變，而且，他們的悔改對你也沒多大好處，那就隨她去吧。別為了這種人白費力氣，把精力留給會聽勸的人。

Tomy聊天室

032

說人閒話的人

要是遇上
說人閒話的人，
「啊～這人閒著沒事做啦！」
就這麼去想，別理他。

坦白說，
光是自己的事就快忙不過來了。
能這樣想，是因為
你比較認真面對自己的事，
而這樣並不是自私喔。

Tomy聊天室

033

攻擊

保持內心平靜的原則是「不主動攻擊」、「不接近具有攻擊性的人」。

即使發動攻擊，
對方既不會受到影響也不會改變；
所以沒必要浪費氣力去攻擊，
那麼做只會讓情緒激動。
只要記住這兩個原則，
內心就會變得非常平靜。

Tomy聊天室

034

生氣

有些人脾氣很好，
好到令人訝異
怎麼能好到那種程度。
那是因為「讓他們生氣的事
少之又少」。

說穿了，保持好脾氣是他們的求生技巧。
不論生氣與否，
不會影響人生的事物就隨它去。
越能淡然看待一切，脾氣自然會越好。

Tomy聊天室

035

展現真我

展現真實的自己
並非毫無顧慮，
請展現好的部分就好。

希望別人了解你的全部，
所以就連不好的部分也放肆的表露，
抱著「對方應該要接受啊」的心態，
這樣只會讓不好的部分惡化。
這真是太可怕了。

Tomy聊天室

036

不要在意他人

如何不去在意他人的事？
轉念一想，
「找出值得你在意的人」
就好啦。

有自知之明的人、
真誠相待的人、
細心誠實的人……
值得你在意的人其實不多。
找出令你在意的人，
並只要在意這些人就好。

Tomy聊天室

037

真正厲害的人

年輕時總覺得大家口中
「能幹的人」、「優秀的人」
很厲害。

不過，最近啊
我開始覺得
「態度始終如一的人」、
「淡定的人」才厲害。
也許是上了年紀，
內心所求也有了改變吧。

Tomy聊天室

038

思考將來

假如想到將來的事
會讓你感到不安，
那就別去想。

如果你專注於讓現在變得更好，
那將來自然也會變好。
小貓小狗看起來很幸福，
那是因為牠們沒去煩惱將來的事（應該啦）。
「思考將來」雖然是件好事，
但不要鑽牛角尖，自尋煩惱。

Tomy聊天室

039

忘記討厭的事

想要忘記討厭的事？
那就去做喜歡的事吧。

覺得快要想起討厭的事時，
就去想想喜歡的事。
所幸一天的時間有限，
想著喜歡的事，一天就這樣結束了。
今天也來想想喜歡的人事物，
度過美好的一天吧。
希望各位都能這麼做！

Tomy聊天室

040

自信心

想得到自信心，不一定要成為受歡迎的人。

有自信心的人
反而不喜歡成為受歡迎的人，
甚至覺得那樣很煩。
樂於做自己，即使不被關注
也不會感到不安。
悠然自得的狀態就是擁有十足的自信心。

Tomy聊天室

041

被否定

就算被否定，
未必就是你不好。

通常都是對方覺得
你的存在很礙事才會出言否定。
不必把對方說的話聽進心裡
讓自己難過。

Tomy聊天室

042

放手

這是讓你輕鬆面對感情或執著的練習，請你跟著這樣做。

試著放空，檢視自己的心情。

「啊，現在覺得悶悶的」、「啊，現在感到很無力」，當成別人的事去看待。

久而久之，你會明白很多事想過就會淡忘。

Tomy聊天室

043

原諒

如何原諒別人？最好的方法是不和無法原諒的人打交道。

原不原諒這種想法
會令內心糾結不已。
所以，別和讓你有那種困擾的人往來。
如果是不得不往來的人，那就別去在意對方。
假如無法原諒的是自己，
就別去想無法原諒的事。

Tomy聊天室

044

心與腦

我向患者解說的時候，
總是會告訴他們：
「你不是心裡有病，
而是大腦功能出了問題喔！」

我認為這樣說比較正確，
「心裡有病」的說法
聽起來有點傷人。
心是心，不該列入
有病或正常的判定。

Tomy聊天室

045

發脾氣

發脾氣會耗費氣力。
所以，面對憤怒的情緒
請靜下心想一想
「有必要發這頓脾氣嗎？」

如果要發脾氣，
對象最好是能夠接受且願意改變的人，
或是值得你要求改變的事物。
假如不是，就算了，
為了這種人或事發脾氣只是白費力氣。

Tomy聊天室

046

別比較

世上的每個人
各自擁有自己的人生。
我們無法去過別人的人生，
也不了解對方人生的全部。

說得極端一點，那好比虛幻之物。
既然如此，拿自己的人生和別人的人生做比較，
根本毫無意義不是嗎？
打起精神！專注於自己的人生吧。

Tomy聊天室

047

常保安樂

人生所有目標共通的方向
不就是
「常保安樂」嘛。

儘管追求的目標各不相同，
「想考取證照」、「想功成名就」、
「想覓得良伴」等等，
但真正渴望的都是「常保安樂」吧。
然而，在不知不覺間只顧著追求表面的目標，
如此，將使你逐漸遠離安樂的大方向，請務必留意。

Tomy聊天室
#2
合不來的人啊……
有時候
就是
沒來由地，
和某人
合不來。
不需要勉強
配合對方。
NG
NG
否則
你會有壓力，
對方也會
有壓力。
認同彼此合不來的事實，
也是
尊重對方的表現。
有禮貌的保持距離，
這樣很好啊。

Chapter 2

其實人際關係沒有改善也沒關係

Tomy聊天室

048

健康的關係

健康的關係應該是
「自己的心獲得滿足，
對方的心也得到滿足」
才對喔。

當對方開心時，你也會感到開心。
而你開心時，對方也很開心。
不過，要是為了讓對方開心
刻意壓抑自己，這樣會變成不健康的關係。
一直這樣下去將導致彼此傷害，
所以隨時注意，即時改變是很重要的。

Tomy聊天室

049

不要在意

即便別人的言論
令你火冒三丈，也只要聽聽就好。

有些人就是很不會講話，
每每為此而發火，只會讓內心失去餘裕，
所以不要隨便發火也很重要。

Tomy聊天室

050

溝通能力

溝通能力好的人，
未必都是好人喔。

當然，溝通能力好是好事，
至於人品好壞又是另一回事。
最危險的是，藉由溝通能力
隱藏惡意的人。
因此，判斷一個人的好壞，
不是用言語而是行為。

Tomy聊天室

051

接受否定

試著習慣並接受
別人否定你的意見。

與他人意見相左是很正常的事，
為了這點事動怒，
只會讓自己筋疲力盡。
而且啊，對方否定的是你的意見，
並非你這個人。

Tomy聊天室

052

改變行為就能改變心情

這是晚輩分享的金玉良言。

「只要行為改變，心情也會跟著改變。所以想轉換心情時，改變行為就可以囉！」

不愧是我的晚輩，真優秀。

多嘗試不同的行為，找出最能令你心情穩定的事。

Tomy聊天室

053

活著

明明沒什麼煩惱，
卻不知為何覺得空虛，
也莫名地感到不安。

現在這樣的你
未必就是對現況感到不滿喔。
即使生活過得再富裕，
也會有這樣的感受。
不必去尋找「真正的自己」，
而是應該去接受活著就是這麼一回事。

Tomy聊天室

054

重視你的人

與其煩惱
「對方是否重視你」，
不如選擇
「願意重視你的人」。

就算開口問，對方也肯定會說
「我很重視你啊」。
但所謂的重視，並非安排時髦的約會，
也不是對你百依百順。
而是能夠誠實地面對你。

Tomy聊天室

055

果斷

雖然有想做的事，卻因為「不知道別人會怎麼想」而遲遲無法行動時，請果斷地去做吧。

儘管有些人不喜歡你要做的事，也還是有人會喜歡。你的行動將吸引那些人來到你身邊，所以不需要過度擔心。

Tomy聊天室

056

不舒服

精神狀況不好的話，
喉嚨也會感到不舒服，
這樣的人真的很多。

- 覺得喉嚨卡卡的
- 呼吸的時候，喉嚨似乎怪怪的
- 喉嚨裡好像有顆小球

如果感到很痛苦，
先去耳鼻喉科就診，
若無異狀再去看精神科。

Tomy聊天室

057

朋友間的連繫

朋友未必要見面。

和你通電話的是好朋友，
和你互傳LINE的是好朋友，
在社群網站上互動的也是好朋友。
就算沒有見面嬉嬉鬧鬧，
透過彼此最能開心連繫的方式
說說笑笑地分享心情，那就是朋友。

Tomy聊天室

058

討厭的人

被討厭的人攻擊雖然會心情低落，
但被討厭的人喜歡反而更糟。

所以啊，
平常心看待就好，
別放在心上。

Tomy聊天室

059

溫柔待人

待人溫柔的理由，
不只是為了對方喔。
溫柔的待人，
自己的心也會變得溫柔起來。

不是因為天生溫柔，所以能待人溫柔。
而是選擇做出溫柔的行為而變得溫柔。

Tomy聊天室

060

眼淚的力量

眼淚的力量很驚人喔！
就算有討厭的事
也會隨著眼淚消失無蹤。

愛哭的人才不是膽小鬼，
他們其實很堅強。
大哭一場後，
「狠狠哭過的我很棒，沒事了」
像這樣告訴自己，然後吹吹口哨。

Tomy聊天室

061

遇到惡鬥

假如遭到惡鬥，
三十六計走為上策。

即使被誤解也不要報復，
如果這麼做，你就成了同類囉！

Tomy聊天室

062

和對的人在一起

比起「做什麼」，
「和誰在一起」更重要喔。

讓你對尋常小事也能感到幸福美好，
這樣的人就是最棒的寶物。

Tomy聊天室

063

真正的同伴

當你感到孤立無援時，
守望著你的人
始終在身邊。

不過，他們不會馬上
嚷著「我是同伴」挺身而出。
反觀攻擊的人，就會迫不及待發動攻擊，
假藉「大家都想這麼做」的名義
壯大自己的聲勢。
如果你有信心，
請相信沉默的同伴。

Tomy聊天室

064

人生不會白費

回顧過往也許會發現
曾經和某人度過漫長的荒唐歲月。
不過，
也不要覺得自己白費了那段時光。

其實當時也覺得對方人不錯，
應該也過得很開心吧！
那麼，就當作他為你上了一堂
人生的課就好啦。
你的人生絲毫沒有白費。

Tomy聊天室

065

人生的滋味

看見笑得很開朗的人，
你敢說
他哭得沒有你多嗎？

人通常不會表現出辛苦的一面，
所以我們看不見別人的辛苦。
開心歡笑、傷心哭泣，一層層
有如年輪蛋糕般堆疊成我們的人生。
看似苦甜參半，一起品嚐下，
滋味卻是美好的。

Tomy聊天室

066

信任

所謂的信任，
並不是
依賴對方喔。

說出「這個人可以相信」這句話，
表示你要對自己的決定負責任。
信任別人之前，
你必須先信任自己才行。

Tomy聊天室
#3 往日的美好回憶……
人都會變，
打倒臭狗！
自己的心境也會改變。
饒不了潑猴！
然而，
往日的美好回憶
只要你沒忘記就不會改變。
不管後來發生了什麼事，也不用否定當時的感受。
打倒臭狗！
因為持續地製造那樣的回憶，
讓我們得以繼續活下去。

Tomy聊天室

067

精神不好的時候不要下決定

當感到自己很虛弱時，
任何重要的事
都不可以自己判斷喔！

「做決定」這種事
需要耗費許多精力。
在身心虛弱時「做決定」會更加虛弱，
在那樣的狀態下做出的決定，
有時反而會引起風波。
感到虛弱的時候，還是先暫時擱著，先好好休息。

Tomy聊天室

068

品德

以品德的「＋、－」來思考人際關係就會輕鬆許多。

就算現在遭人利用或欺騙，你的品德並不會被扣分。對方則會為了卑劣的行為失去品德。

Tomy聊天室

069

人生可以重來

「人生不是遊戲，無法重來」
想必你也這麼想吧。
不過，那是騙人的。

而且不止三次，可以重來好幾次。
洗把臉，對自己說
「啊~我又重新活過來了，明天又是全新的開始」。
儘管時間無法倒流，但生活方式卻能夠不斷改變。

Tomy聊天室

070

變得疏遠

能夠一直維持的人際關係
實在很難得。

就算是兒時玩伴也會突然鬧不合。
因為彼此都有了轉變，
產生不合也是沒辦法的事。
但或許幾年後又會忽然兜在一起，
因此現在變得稍微疏遠，
也不必太在意。

Tomy聊天室

071

自我防衛

用言語傷人的人，
只不過是想保護自己。
因為他們認為攻擊是最有效的防禦。

那些人就像手中揮舞著刀械，
嘴裡卻喊著「別過來喔～」。
通常遇到這種人該怎麼做呢？
離得越遠越好，對吧！這麼做就對了。

Tomy聊天室

072

忘掉過去

忘掉過去吧！
如果忘不掉，
試著想想現在與未來。
有時間的話，
好好地思考一下吧。

把現在與未來列為優先考量，
你就不會想起過去的事。
沒錯，之所以忘不掉過去，
只是你搞錯了優先順序。

Tomy聊天室

073

身體狀況不好時

「身體不舒服時
不要思考事情」，
平時就該這麼做喔！

身體不舒服的時候動腦筋，
很容易出現負面思考。
但，那不是你真正的判斷，
「搞得心情變差可就虧大了」，
對吧！

Tomy聊天室

074

生活領域

你生活的世界
和別人生活的世界並不相同。

由於身處相同的空間，
不知不覺以為共處於相同領域。
這真是天大的誤會。
因為領域不同，
嫉妒、比較或惡鬥也就
毫無意義，根本沒什麼好在意。

Tomy聊天室

075

習慣孤獨

人死的時候都是孑然一身。
所以啊，
要學著習慣孤獨。

與其說習慣孤獨，應該是積極地面對孤獨。
自由自在打造喜歡的環境，
悠哉地想事情，
不需要對任何人負責。
這是孤獨，也是美好的時光。
不孤獨的時候很快樂，孤獨的時候也很快樂。
這樣超棒的不是嗎？

Tomy聊天室

076

同事關係

良好的職場人際關係是
「彼此都好做事的關係」，
並不是
「私底下也有好交情的關係」。

更不是「常去喝酒的酒友」，
若變成那樣的關係，有時反而會妨礙工作。

Tomy聊天室

077

自我肯定

其實自我肯定
不是容易的事。
不過，到頭來你會明白，
光是活著已經很厲害了。

人活著除了要處理各種事，
還得顧全一切。
就算被上司臭罵、
做不好家事、帶孩子帶得很累、
努力做卻得不到成果，
但你已經全力以赴，這樣就很厲害了。

Tomy聊天室

078

實現夢想

實現夢想有其適當的時機。
所以你不必
勉強地苦苦追尋，
但也不要輕易放棄。

懷抱夢想，靜待時機成熟的那一日。
因為你的夢想
未必會依照你所希望的方式實現。
夢想，會以適合你的方式實現。

Tomy聊天室

079

悶悶不樂

人啊，總是輕易忘記
順利的事，
只對不順的事
耿耿於懷。

因為不記得了，
變得消極是正常的反應。
所以惦記著不順的事
也沒什麼不好，
那會讓你活得更像自己。
悶悶不樂也沒關係，人就是會這樣啊。

Tomy聊天室

080

感性

我認為富裕取決於「精神水準」並非「物質水準」。

即使吃穿都是高檔貨，
有些人每天卻過得很無趣。
寄人籬下的窮學生
花心思改變房間的擺設、利用有限的食材做菜，
就能過得很開心。
所以說，富裕不是物質如何享受，
而是心裡是否滿足。

Tomy聊天室

081

提不起勁

任誰都會有提不勁、
什麼事都不想做的時候。

這時候如果想成「做不了想做的事很難受」，
只會讓自己覺得更累。
提不起勁的時候，
就什麼都別做啊，盡情發懶吧。

Tomy聊天室

082

哀傷不會永遠存在

失去重要的人，
那股哀傷不會消失的。
不過就算不會消失也無妨。

心中的哀傷會漸漸淡忘，
畢竟那個人已經不在世上了。
過往的溫情、悲傷、心痛、憤怒與感謝，
請好好擁抱這些回憶繼續活下去。
那些都是離去的人曾經活過的證明。

Tomy聊天室

083

不再連絡

你很重視的人
不再和你連絡，
心裡很難過吧！

可是，就算對方不再需要你，
你們都還是可以好好活下去，
所以你真的不用那麼難過。

Tomy聊天室

084

高標準的要求

當對方滿足了你的要求，
之後你就會視為理所當然。
然後，漸漸提高了要求的標準。

這樣會逼得對方喘不過氣，
你也會因為無法被滿足的要求越來越多，
逐漸累積不滿。
解決的方法是：
・時常心存感謝。
・不要提高要求的標準。
記住喔！

Tomy聊天室

085

人際關係

人際關係通常存在於「場所」。

職場裡令你頭痛的上司、同事或下屬，
只要離開職場這個場所就不存在了。
就是如此而已，
回到家就統統忘記。
真的沒辦法的話，換個職場就好了。
只要想到還有退路，心情就會比較輕鬆。

Tomy聊天室

086

轉移焦點

過度在意自己的內心，
精神會變得不穩定。

像是在意他人的視線、在意身體的症狀，
聽到壞消息就忍不住焦慮等等，
無法平靜看待無意識的舉動。
盡可能把焦點從自身
轉移至他處。
多去關注周遭的世界。

Chapter 2

Tomy諮詢室

諮詢

「我的生活中沒有任何覺得有趣的事。每天只是上班下班、回家睡覺而已。公司的人際關係不太好，也沒機會認識新朋友。我該怎麼辦才好？」（27歲，男性）

自己主動尋找有趣的事。

其實有趣的事，就在我們日復一日的生活中。沒有特別的活動也沒關係。活動固然有活動的樂趣，但那也只是一種選項而已。

重要的是，先想想看在日常生活中，你所認為的「幸福」是什麼。就算只有一個也好。以我為例：

①工作（看診）做得好

②待在重視的人身邊

——這就是幸福。然後反過來想，怎麼做才能將那些幸福帶進生活之中。

如果是①就多充實自己，整頓工作環境，培養有助提升工作品質的同伴。

如果是②，可以試著同居，商量一起工作的方式。如果身邊沒有重視的人，那就去找。

接著，把這些想到的方法融入生活。像是參加讀書會、和伴侶邊吃飯邊計畫將來。即使每天看似過得一成不變，你也會發現你的幸福正逐漸成形。

當你想起那些日子裡，這些小小的細節，就會覺得「很有趣呢！」。

Tomy聊天室

087

成為有信用的人

如果你重視的人失去了信用，
就像那個人已經消失在
你的生命中。

也就是說，沒有信用的人
等於不存在的人。
正因為如此，我們想成為
誠實且有信用的人，
那樣才能立足於世間。

Tomy聊天室

088

不想出門

「覺得外出好麻煩，出不了門」。

聽到患者這麼說，
我通常會回答：
「待在家裡不是比較輕鬆嗎？」
於是患者露出了笑容，
幸好這麼回答是對的。

Tomy聊天室

089

保持警戒

當你身心虛弱時，
遇到說著「請放心交給我」
主動接近的人，務必提高警戒喔。

因為沒遇過，可能會懷疑
「有這種人嗎？」實際上真的有喔。
當身心虛弱的時候，
不知不覺就發出了「虛弱信號」，吸引這種假好人。
要是信了這種人的話，
你會被洗腦唷。

Tomy聊天室

090

吵架

其實人際關係沒有改善也沒關係。

若是彼此喜歡，吵架還是會和好，
若是彼此討厭，沒吵架還是處不來。
人與人之間的好感，
打從一開始就差不多決定了。
重要的是，不要表現得沒禮貌。
之後就順其自然囉！

Tomy聊天室

091

別人的事

有些煩惱是「關於別人的事」，對吧。
那些終究是別人的事，這麼想的話，
心裡的負擔就會稍微減輕。

「上司說話很尖酸刻薄」
⬇說話尖酸刻薄是上司的問題，別管他。
「屬下總是講不聽」
⬇講不聽是屬下的問題，別管他。
別人的事，到頭來，
要承擔後果的是「別人」，而不是你啊。

Tomy聊天室

092

自卑感

自卑感強烈的人，理想往往比較狹隘。

既然有各種生活方式，
就應該有各種理想，
為何你的理想如此狹隘，
為了達成不了的狹隘理想，
而無法認同自己。
為了自卑感煩惱的人，
問題不在於能力，而是想法。

Tomy聊天室

093

把動物當朋友

把動物當成最好的朋友，
這種想法很OK啊！

有些人接收到大量的資訊
消化不了而筋疲力竭。
這沒什麼好丟臉的。
重要的是，
你喜歡的對象能夠讓你保持安定的狀態就行了。

Tomy聊天室

094

真正的禮物

收禮物的時候
請想成
「對方的好意才是禮物喔」。

不管是不是你想要的東西，
不管那份禮物是否得體，
那都是對方的用心，
別太著重物質了。

Tomy聊天室

095

別人會怎麼看我

如果想變幸福，
就不要去想
「別人會怎麼看我」，
只要思考
「我想做什麼」就好。

「別人怎麼看你」是由別人決定，
而你的作為才是自己幸福的關鍵。

Tomy聊天室

096

改變的契機

人難免會期待碰上
改變人生的相遇。

不過，最能改變人生的是
你自己喔，
每天這麼想的話，
也許某天就會出現與某人的美好相遇。
不過，不是那個人改變了你，
是你給了自己改變的契機。

Tomy聊天室

097

希望與期待

希望與期待並不相同。
希望是懷抱願望，
期待則是
強求自己的理想。

期許對方有所成長是希望，
所以不會為此動怒。
假如動了怒氣，那是你摻雜了
「想要對方那麼做」的強求。
要是察覺到了，記得捨棄強求，
它就會變成希望。

Tomy聊天室

098

寂寞

寂寞的時候，
與其假裝不寂寞，
坦率地說出
「我好寂寞」比較好喔！

每個人都會有寂寞的時候，
嚴格說來，活著本來就很寂寞，
所以，覺得寂寞沒什麼好難為情的。

Tomy聊天室

099

回憶

今天的幸福
只屬於今天。

就算做相同的事，
身處相同的環境，
第一次和第二次、第三次的感受就是不同。
隨著年齡增長，感受也會不同。
人類很善變，
今天的幸福只屬於今天。
一生一次，請好好記住
每個瞬間都是美好的回憶。

Tomy聊天室

100

笑容

試著回想曾經令你感到幸福的瞬間。

你和你重視的人在一起時都是笑著的吧？
幸福不是來自奢侈的享受或旅行，
而是笑容創造出來的。

Tomy聊天室

101

珍惜自己

總是把別人的事擺第一，
搞得自己很累的人：

假如你變得沒精神，大家會很困擾吧？
這麼想的話，你就會懂得珍惜自己。
當我感到無力時，我就會想
「要是我沒精神，
會給患者添麻煩的！」
然後再犒賞自己一番，讓自己恢復活力就好了。

Tomy聊天室

102

壓力

有些人非得分出對錯，
否則心裡會不舒坦。
這樣的人容易累積壓力，
人際關係也經常不順。

其實擱著不管就好，
偏偏就是辦不到。
這時候要這麼想：
「分不出對錯的事就當作沒這回事」
如此，壓力自然就會減輕。

Tomy聊天室

103

不知道也沒關係

「想知道事實」的
這種心情我懂，
可是別忘了，
「知道事實後又如何呢？」

大費周章才能得知，卻沒人能得到好處的事，
不知道也沒差。
好比過去的事或真心話。

Tomy聊天室

104

真正的同伴

真正的同伴
不會表態我是同伴。

有時還會刻意扮黑臉，
甚至和你大吵，
讓你氣到說
「不想再見面了」。
想找到重視的同伴，
你必須了解
「何謂重視」。

Tomy聊天室

105

卑屈與謙虛

謙虛很重要。
不過，那不是自卑，
而是心懷敬意地對待他人。

和周遭的人比較、覺得自己很糟，
那是卑屈，不是謙虛。
儘管人外有人，但你也並不糟糕。
就這樣活著也沒什麼不好啊！

Tomy聊天室

106

人心的變化

雖然有時感到不安，
有時會覺得憤怒，
有時又莫名歡喜，
但恢復精神後，就都不那麼在意了。

無論是不安或愛恨，
所有的情緒都很虛無，
所以不必為它們動搖。
天氣時晴時陰，有時下雪，有時打雷閃電，
內心的變化就如同天氣的轉變一樣自然。

Tomy聊天室
#4 回想起來，曾經做過……
「回想起來，曾經做過」的事是指
文化祭
你真心認為應該去做的事。
為了它卯足全力做好準備，
$ 10000000
可惜的是，往往無法持續下去。
和自己「合得來」這種感覺很重要喔。

Chapter 3

真正需要煩惱的事其實沒那麼多啦

Tomy聊天室

107

隨遇而安

雖然是理所當然的事，
但事情總是有
順與不順的時候。

好比天氣陰晴不定，
很順利的時候
不可以得意忘形；
不順利的時候
也不要過度自責。
懂得隨遇而安很重要。

Tomy聊天室

108

被排擠

就算被對方排擠，
也不代表對方很受歡迎。

有些人就是喜歡搞小團體，
有些人就愛當老大。
真正受歡迎的人，
才不會故意排擠你。
那些人不理你，
反而是好事喔。

Tomy聊天室

109

覺悟

我覺得果敢帥氣的人
是「有所覺悟的人」。

所以，想成為帥氣的人，
最好要有某種覺悟。
為孩子付出一切的覺悟、
為工作奉獻一生的覺悟、
和伴侶攜手偕老的覺悟。
什麼都可以，請好好想一想。

Tomy聊天室

110

忽略與漠視

懂得忽略是非常重要的事。

可是，忽略也許會讓
有些人對他人感到抱歉。
這種時候請想成
「我忽略的不是那個人，
而是沒有建設性的言行」。
忽略不等於漠視；
而我們忽略的也只是事物，而非人。

Tomy聊天室

111

自信心

給缺乏自信心的人：
你周遭的世界
是因你所見而存在的。

說的坦白一點，
你所見的這個世界其實只有你，你扮演的就是自己，
所以評價如何都無所謂，因為你就是唯一的主角。

Tomy聊天室

112

精神狀態

心理治療的祕訣就在精神狀態好的時候。

如果覺得心情穩定，
仔細記住現在的
感受、想法、心願等等。
這麼一來，當你狀態不好的時候
就會去想
「啊～精神好的時候我是這麼想的啊」。

Tomy聊天室

113
學會託付

不安感強烈的人，
通常「害怕託付別人」。

明知道交給別人比較好，
就是辦不到，想要自己掌控一切。
於是，當自己無法掌控時，
內心的不安就會爆發。
這樣的人，平常最好試著
把小事交給別人。

Tomy聊天室

114

痛苦

覺得痛苦
並不是
「想起痛苦的事而痛苦」，
是因為「本身覺得痛苦，
才想起痛苦的事」。

這種狀態下，即使沒有被某件不好的回憶糾纏，
還是會有其他不好的回憶困擾。
沒必要讓自己深陷在一個不好的回憶裡。

Tomy聊天室

115

認真就輸了

不服輸沒什麼不好，
「死不認輸」
可就令人頭痛了。

有時要積極求勝，
有時要乾脆認輸。
我們難免會遇到認真就輸了的事，
一心求勝的話，
執念會讓你變得感情用事、目光狹隘，
對你沒有半點好處喔！

Tomy聊天室

116

痛快地去做

當對方離開人世，
再也無法一起回憶往事。

活著的時候，
和朋友喝喝酒、
唱唱歌、聊聊天吧。
趁現在痛快地去做。

Tomy聊天室

117

一言難盡

每個人都會有
一言難盡的時候。

寂寞或痛苦時、
發生不好的事時、
覺得孤單時，
「人生偶爾會有這種時候啦」
像這樣告訴自己，心情就會好多了。
所以，試著在社群網站發個文。
就是偶爾會有這種時候啦！

Tomy聊天室

118

忽略

忽略的訣竅，說穿了就是
讓自己變成「度量小的人」。

起初只留意
不會讓你有壓力的人。
做好心理建設後，再去留意
讓你感到有輕微壓力的人。
覺得沒問題了，試著接觸壓力感更大的人。
如果出問題了才想忽略會很難做到，
所以一開始先接觸沒有壓力的人就好。

Tomy聊天室

119

磨練感性

感性也有所謂的老化喔！
以前覺得「好棒」的事，
也會漸漸失去感動。

正因為如此，我們更應該
持續磨練感性。
所以要定期嘗試做些麻煩的事，
例如接觸新事物、
稍微改變環境，以及和不認識的人說說話。

120

善與惡

不需要每件事都用
「善惡」的價值觀去思考。

假設和某人處不來的話，
有些人會想
「是誰不好呢？」、
「是哪裡不好呢？」。
基本上沒有誰好或不好，
只是彼此合不來，
或是相遇在錯的時間點罷了。

Tomy 聊天室

121

喜歡

如何喜歡一個人？

喜歡一個人，
自然會想和他在一起。
不是為了對方的條件而喜歡。
好比「喜歡吃肉」不需要理由對吧。
所以囉，喜歡一個人沒有什麼方法。
喜歡的感覺說來就來。
不過，就算沒有喜歡的人
也沒關係喔！

Tomy聊天室

122

明確表達意見

若表現得忐忑不安，
別人看了就會想說些什麼。

但，真的聽到別人說的話，
自己又會更加驚慌失措。
這樣會陷入惡性循環，
逐漸失去自信喔。
即使沒自信，只要態度坦蕩，
做同一件事也會獲得好評。
抬頭挺胸，明確表達你的意見就好。

Tomy聊天室

123

感謝

對方「感謝」的心意就是對你的回報。

這麼想就不會過度期待，壓力也會減少許多。
連「感謝」的心意都沒有的人，以後就別再往來。
為了在這世上生存下去，這種小心眼是必要的！

Tomy聊天室

124

隔閡

如果想和有隔閡的人
變得親近，
最好不要去破壞
彼此的隔閡。

假如對方排斥，
尊重其意願，保持距離。
這麼做是體貼對方。
當他明白你是可以放心接觸的對象，
自然會主動接近你。

Tomy聊天室

125

吵架的原則

在高速公路的入口
遇到強行插道的車，
眼看就要撞上了。

我趕緊按喇叭，
那輛車停住，駕駛走下車。
我很火大，
故意不下車，靜靜待在座位上。
對方沒有任何舉動，轉身開車離去。
結論就是，吵架想要贏，就不要踏入對方的範圍。

Tomy聊天室
#5 遭到背叛的時候……
遭到背叛的時候，
再會啦
與其憎恨，
倒不如悲傷。
雖然兩者都是負面的情緒，
但累積的憎恨會扭曲你的個性，變得具有攻擊性。
你不想為了對方把自己搞成這樣吧！
「是背叛你的那個人的問題。」
這樣想就好啦。

Tomy聊天室

126

旅行的選擇

即使沒有出遠門，
還是可以旅行喔。

逛逛在地的圖書館、
在新發現的咖啡廳放空、
開車載愛犬外出、到沒去過的公園散散步、
體驗瑜伽課程。
新的經驗或打發時間的方式俯拾皆是，
與其出遠門人擠人，這樣還比較快樂。

Tomy聊天室

127

把擔心說出來

為了不讓別人擔心，
有些人會刻意隱瞞煩惱。

可是，重視你的人
應該早就察覺到了，
覺得你「好像有什麼心事」。
對方可能正在為你擔心，
所以還是早點說出來，
是什麼事令你感到煩惱，
對方會很樂意幫助你的。

Tomy聊天室

128

人生目的

無論是誰，總有一天
都會離開這個人世。
所以啊，
根本沒有什麼人生目的。

我們就像操縱著自己的滑翔機，
順著風暢快飛行。
一旦降落，一切就結束了。
所以朝哪個方向都沒關係啦！

Tomy聊天室

129

冷淡的拒絕

把父母稱作「毒親」*的人都有共通點喔！

這些人放不下父母。
既然父母很自私，其實別管他們就好，
但卻還是任他們予取予求。
明明是聽話的孩子，卻遭父母惡言相向。
擺脫這種狀態的第一步就是冷淡地拒絕。
像是「媽，那天我沒空喔，掰～」

*編註：指對孩子有害的家長。例如口出惡言、過度干涉、情緒勒索等。

Tomy聊天室

130

轉換心情

跌倒的時候
「好痛！真倒楣！」
也許會這麼想對吧。

可是啊，換個角度想
「這樣痛一下就結束了反而慶幸」。
即使事實沒變，心情卻能夠不一樣。

Tomy聊天室

131

合得來的朋友

想要提升日常的幸福感，
其實很簡單。

遠離讓你心情不好的人，
接近讓你心情好的人，就這麼簡單。
儘管有些人遠離不了，
試著想想對方令你感到自在的部分，
光是這樣做就會差很多喔。
久而久之，
自會成為合得來的朋友。

Tomy聊天室

132

真正的煩惱

真正需要煩惱的事
其實沒那麼多啦！

完全沒煩惱的人
不也活得好好的。
與其煩惱，
不如拋下它們吧。
沒有答案的事、
不必有答案的事就別去想了。

Tomy聊天室

133

被討厭

被某人討厭，那是因為
「對方覺得你是有意義的存在」。

說到底，就是因為
你的存在或言行具有意義才被討厭。
也許對方會為了某個條件
轉而喜歡你。
所以被討厭的話，
「對方覺得我是有意義的存在啊！」
這樣想就好啦。

Tomy聊天室

134

察言觀色

比起「察言觀色的能力」，
「不察言觀色的能力」
比較重要，我是這麼想的。

不要期待別人主動察覺你的想法，
自己把意見說出來才不會造成誤解。
「希望你能察覺」這種話
就不用再說了。
只要不是攻擊對方的話，
有意見就要明確表達。

Tomy聊天室

135

甩開煩悶的方法

和別人聊一聊後會覺得輕鬆，是因為掌握了不安或煩惱的全貌。

透過言語表達，模糊不清的事會變清晰，由此掌握了全貌，所以覺得輕鬆。要是沒有能夠立刻傾訴的對象，把煩惱寫下來也是好方法喔。

Tomy聊天室

136

勇敢說NO

腦子裡已經決定
是NO的事，
趁早說出來比較好喔。

反正結果不會改變，
因為「難以啟齒」、「找不到好時機」
而一再拖延，就會越來越難說出口。
什麼都不做，情況也會逐漸惡化。
既然如此，還是趁早說吧。

Tomy聊天室

137

被人說壞話

被合不來的人說壞話了該怎麼辦？

既然都說了是合不來的人，被說壞話也是意料之內的事吧！別在意、別多想，被合不來的人稱讚才比較可怕。

Tomy聊天室

138

不空等

不空等是非常重要的事。
只要學會這件事，
世上的壓力就少了一半。

例：去迪士尼樂園玩卻遇上排隊人龍
⬇邊排隊邊和朋友開心聊天。
錯過飛機等待下一班
⬇在機場逛逛。
等著和男友約會
⬇自己隨興地過。
當你學會不空等，閒置的時間就會變少，壓力也會減輕。

Tomy聊天室

139

不需凡事都要解決

總是會有無法解決的問題。既然無解，那就擱著也無妨。

覺得「解決不了」會很痛苦，既然無法解決，那就稍微放寬心，擱著別管，統統擺一邊就好。

Tomy聊天室

140

珍惜每個時刻

好好珍惜和別人用餐的機會。

最好不要滑手機，
邊吃邊閒聊，
吃到好吃的東西就說「真好吃」。
畢竟，說不定哪一天
就再也沒機會和對方用餐了。

Tomy聊天室

141

同理心

遇到完全沒同理心的人，真是令人難過。

這種時候，我會想：

終於明白「世上也有這麼沒同理心的人」。

像這樣說服自己接受。

畢竟不是所有人都善解人意……。

Tomy聊天室

142

壓力累積

待在車陣裡塞很久、
或是走在令人神經緊繃的街道，
自然會失去耐心而不想讓路。

不過，待在車流少、適合居住的街道，
就會很樂意讓路給別人嗎？
讓自己置身在能夠和善待人、
保有寬容之心的環境固然重要，
但當你發現，無論如何，
似乎都無法和善對待人的時候，
就表示你累積太多壓力囉！

Tomy聊天室

143

聰明的離開

「討論」是想要共同尋找答案的人一起做的事。

面對無心改變答案的人，
說再多都只是浪費時間。
如果覺得對方是那樣的人，
用「你是對的」之類的話語假意地敷衍過去就好，
靜靜地離開才是聰明之舉。

Tomy聊天室

144

人生

多品嘗美食、
多用心工作、
多認真念書、
多玩樂多旅行。

人生如此美好，
就連喜怒哀樂和煩惱也很美好。

Tomy聊天室

145

把煩惱留在公司

你有把工作上的煩惱留在公司才回家嗎？

在家裡煩惱也解決不了，只是浪費時間而已。
回到家就盡可能轉換心情，
明天進公司
再繼續煩惱就好。

Chapter 3

Tomy諮詢室

諮詢

「我無法相信別人。因為我見過父母和兄弟姐妹、朋友、上司等各種關係的背叛。我覺得總有一天會輪到我，所以沒辦法相信任何人。我該怎麼辦才好？」（23歲，男性）

背叛沒在怕的！用這種心態勇闖人群吧！

「背叛」其實是覺得自己「被背叛」的人主觀的認知。如果從各種角度思考，大部分的情況不能只以背叛二字論定。所以，覺得被背叛之前，最好習慣先確認「為什麼會搞成這樣」。

這不是在合理化對方的行為喔。因為覺得是「背叛」，會讓你無法冷靜思考，所以更要謹慎確認。

舉個例來說，上司答應幫你升職，但你的工作表現不如預期，他自然會當作沒這回事。雖然這種情況在你看來算是「背叛」，卻也是理所當然的事。而且，大家都知道，背叛只會遭人怨恨，沒有半點好處，搞成那種局面通常是另有隱情。

站在對方的立場思考，「背叛」是彼此期望的結果相反所致。事出必有因，假如你誠懇地和對方溝通，或許就不會遭受到這般對待。儘管可能會有那樣的遭遇，倒也不必為此錯過美好的相遇。「背叛沒在怕的！」用這種心態勇闖人群吧！

Tomy聊天室

146

保留關係在過去就好

如果被重視的人討厭，
那就別去打擾對方。

死纏爛打只會讓對方更討厭你。
想想對方的心情，
在對方有所動作前，不動聲色才是明智之舉。
不過，別去期待「總有一天對方會主動連絡」。
因為等待很辛苦，
也可能會讓你做出多餘的舉動。
將彼此的關係留在過去就好。

Tomy聊天室

147

疏遠

明明沒什麼大不了，
有些人卻會
因此誤解且主動疏遠。

如果只是為了小事而疏遠，
代表你們的關係不過如此而已。
若是堅定的交情，對方會回心轉意或忘記，
重新和你連絡。
別想東想西，靜觀其變。
等到對方開口再予以回應就好。

Tomy聊天室

148

吵架也不是壞事

沒有爭吵也許感覺和諧融洽。

但，千萬別忘記！
和諧也許只是其中一方忍著什麼都不說。
為了維持好感情，有時吵架也不是壞事。

Tomy聊天室

149

人與人的相處

和陌生人剛認識的時候，
總是會想
「不能讓氣氛冷掉」。

可是一直聊，彼此都會覺得累，
不如順其自然就好。
有些人話少，相處起來卻很開心，
有些人健談卻不討喜。
說到底，人與人之間
還是要看投不投緣。

Tomy聊天室

150

被討厭該怎麼辦

被別人喜歡的瞬間
就埋下了詛咒——
你得想想「被討厭該怎麼辦」。

從那一刻起，如果開始討好別人，
做自己不願意的事，
彼此的關係遲早會崩壞。
若想擺脫詛咒，
一開始就要想開：
「不管被喜歡或被討厭，都是取決於對方」。

Tomy聊天室

151

放手的祕訣

活得自在輕鬆也等於是做好了面對死亡的心理準備。

執念深、慾望多，
也算是活得神采奕奕的表現。
愈是鑽牛角尖去想放手這件事，
你就愈無法好好體會活著的真實感。
放手的祕訣是——就連放手這件事都放棄。
承受苦樂，隨心所欲地活著吧。

Tomy聊天室

152

瞧不起

瞧不起別人的話，
總有一天
你也會被別人瞧不起。

面對處不來的人，
不要往來或是
不去在意對方才是適當作法。
保持互動又瞧不起對方，
那就是你的心態有問題了。

Tomy聊天室

153

80%的信任

當我遇到不好的事心情低落的時候，有人這樣告訴我。

「相信一個人只要相信80%就好」。

儘管對方人再好，80%的信任已經是極限。

剩下的20%只能相信自己。

Tomy聊天室

154

被誤解

人是會誤解他人的生物。
「被誤解也沒關係啦！」
這樣想就好了。

被誤解的時候，不管說什麼，
只會被當成「在找藉口」，
所以等對方問了再回答就好。
重要的是，不要自亂陣腳。
誤解總有一天會解開。
要是沒解開，或許正說明了對方看得不夠透澈。

Tomy聊天室

155

選擇有笑容的人

覺得自己缺乏看人的眼光，

那就選擇

笑容好看的人。

或是選擇單純的人。

至少看到對方的笑容會覺得舒心。

Tomy聊天室

156

任何事都會淡忘

人類遺忘事情的能力很厲害喔！

過去的痛苦遭遇，
隨著時間過去就能繼續活下去。
所以這次一定也做得到。
儘管有些事忘不掉，
但是已經遺忘的事更多，
只是因為你都忘了才沒意識到。

Tomy聊天室

157

轉念

人在煩惱的時候，
對世界的看法就會改變。

四處打聽，試圖改變，
展開調查尋求解決。
試著找出以前沒發現的事。
轉念一想，煩惱或許會使你的人生變得多采多姿。

Tomy聊天室

158

別只想靠運氣

一心只想靠運氣，
運氣就會消失。

「盡人事，聽天命」

這樣的人會得到運氣相助。

「反正我運氣好，做到這種程度就差不多了」

千萬別這麼想喔。運氣也有靈性，

它只想聲援努力的人，以及

想幫助別人的人。

Tomy聊天室

159

後悔

後悔沒什麼不好，
充滿後悔也沒關係。

因為仔細思考過，所以才會感到後悔。
當然也有不會後悔的事。
但感到後悔的那些，
也是你珍惜「活著」這件事的證據。

Tomy聊天室

160

付出溫柔

內心敏感脆弱的你
其實是個溫柔的人喔！

讓這樣的你變堅強的方法是
對某人付出你的溫柔，
為了重要的某人變得堅強。

Tomy聊天室

161

情緒的變化

許多精神科醫師會把情緒的變化視為「現象」。

這麼做就能變得客觀，並找出解決的方法。
例如，有人對自己發脾氣時，
不是想「天啊，我該怎麼辦？」，
而是「為什麼他會表現出憤怒的情緒」。
這樣的觀點也有助於減輕壓力。

Tomy聊天室

162

應付偏見

如何應付有強烈偏見的人呢？

導正偏見是件麻煩的事，
搞不好會讓自己變成對方的敵人。
「對他來說那才是事實」
用這樣的態度去面對就好。
不肯定也不否定，
「這麼說來，你很辛苦吧？覺得很生氣吧！」
像這樣回應。
這個作法也能用來處理妄想喔！

Tomy聊天室

163

別把小事累積在心裡

有些人對於
某個點會覺得「好像怪怪的」，
這樣的人通常
隱藏著其他敏感的部分。

所以就算是小事，假如會在意，
就不要想成「不過是小事而已」，
要稍微記在心裡。
因為瑣碎的小事累積起來
也可能變成嚴重的大事。

Tomy聊天室

164

對於誹謗

即使有人
用莫須有的事
誹謗你，
別理他就好。

正經的人不會當真，
聽了會跟著瞎起鬨的是不正經的人。
別哭、別氣，也不要巴結對方，
把他當作無聊的人就好了。

Tomy聊天室

165

回歸初心

人難免會陷入低潮，
才能終究會耗盡。

有些事期待太深反而不順。
期待在不知不覺間變成執念。
因為喜歡才做，因為想做才做。
不順的時候，請回歸初心。

Tomy聊天室
#6
想做的工作是……
要是沒有好好完成眼前的工作，
拼了！
就無法去做想做的工作。
做想做的工作之前，
必須處理許多不想做的工作。
「討厭！真討厭！」
你可以像這樣邊發牢騷邊做。

Chapter 4

變堅強的方法是減少堅持

Tomy聊天室

166

被討厭

其實人不會被討厭。

再怎麼討人厭的人，
只要有所長進，
大家還是會為他加油。
改變言行就會變得討人喜歡。
沒有人會真的被烙上
「顧人怨」的印記。

Tomy聊天室

167

盡情去做

疼愛自己

不會給別人添麻煩，

取悅自己

也不會給別人添麻煩。

所以啊，盡情去做吧！

Tomy聊天室

168

減少堅持

變堅強的方法是
減少你的堅持。

什麼都捨不得丟掉的人，
就像擁有許多弱點。
其實只要留下少少的、無法割捨的事當作精神支柱，
不需要多餘的裝飾，
就像構造越簡單的物品越堅固的道理一樣，
心也是如此。

Tomy聊天室

169

不需過度追求真實

沒有什麼方法
能夠了解所有的真實。

所以除了學習，追尋其他事都不要過度。
這樣會沒完沒了，而且未必有收穫。
搞不懂的事
也許本來就沒辦法被搞懂，
特別是人心。

Tomy聊天室

170

別把活著搞得太複雜

覺得累的時候，
不妨去動物園、植物園或
水族館等場所走走看看。

看著其他生物，
你會感受到「活著」的單純。
單純，卻依然活得生氣勃勃，
也許像這樣單純一點會比較好。
我們都把活著這件事
搞得太複雜了。

Tomy聊天室

171

時間的力量

不管做什麼，心情都靜不下來的時候，
最後
時間會讓心得到平靜。

所以，不必擔心。
時間具有強大的力量，
請放心交給它。

Tomy聊天室

172

原諒自己

如果失去重要的人，
請好好大鬧一場。

用力地宣洩情緒，
徹底沉浸於壞心情，
變得很討人厭也沒關係。
然後，請原諒這樣的自己，
因為你終究會恢復原狀。

Tomy聊天室

173

在一起開心就好

「我和這個人配不配」，一旦有了這種想法，就沒辦法開心地和對方往來。

在一起時很開心，這樣就夠了。不需要用第三者的觀點看待私下的交流。

Tomy聊天室

174

失敗了怎麼辦

「要是失敗了怎麼辦」
當你有這種想法時，
最好還是不要挑戰。

「失敗了也沒關係」
會這麼想就是好時機。
不過，確實很難這麼想。特別是年輕的時候。
「其實，就算失敗也會有辦法解決。」
上了年紀、有過經驗自然明白這個道理。
失敗真的沒什麼好怕的！

Tomy聊天室

175

拋開令你不愉快的人

老是去想令你感到不愉快的人，對你沒有任何好處。

只要專心去想美好的人事物就好。

Tomy聊天室

176

溫柔待人

希望被溫柔對待，
表示你應該明白
溫柔的可貴。

既然如此，請你好好地、加倍地溫柔對待他人。
溫柔與關愛是付出越多
得到越多。

Tomy聊天室

177

想做的事

最難找到答案的問題是：
「怎麼做
才能找到想做的事？」

許多有這個疑問的人，
從小意見就經常被否定。
反正會被否定，
他們索性以「捨棄想做的事」
這種方式去適應。

Tomy聊天室

178

盡情的煩惱

有時候無論怎麼想
總是卡在同一個地方，
耿耿於懷
無法前進。

其實那樣也無妨。
你可以活得像經常往返大海的洄游魚，
也可以活得像在相同地方打轉的在地魚。
耿耿於懷無法前進，
那就是你的心情。
盡情地去煩惱吧！

Tomy聊天室

179

怎麼活才是最重要的

現在你身邊的一切
都是借來的喔！

你擁有的立場和財物
最後終究要歸還。
而且，就連以人類之姿活在這個時代、
存在於地球的
點點滴滴都要一併歸還。
所以何必計較瑣事，
「現在」怎麼活才是最重要的事。

Tomy聊天室

180

不必原諒對方的失禮

就算是認識很久的人，
也不必原諒對方的失禮。

應該好好提醒對方，
要是他講不聽，那就斷絕往來。
當然，對你而言是種打擊，
但你不用再承受壓力。
而且對方說不定會因此改變。（不過還是別抱著期待）
這麼做是對的。

Tomy聊天室

181

情緒反彈

情緒的波動
就像拉著一條橡皮繩。

大力向上彈起，
也會大力向下反彈。
所以啊，精神好的時候過度耗費體力，
之後肯定元氣大傷。
精神好或心情好的時候，
想做的事做一半就好，這很重要。

Tomy聊天室

182

活下去的理由

覺得快要失去
活下去的理由時，
該怎麼辦才好？

為什麼要有理由？活著就好啦！
我曾經遇過相同的情況，
當時我的心告訴我：
還是想活下去！正因為失去了，更要活下去！
儘管後來很辛苦，
有時還被困在過去，
但我還是喜歡自己的人生、喜歡活著。

Tomy聊天室

183

拼命努力地活下去

經歷各種「比較」而令你感到心累時，
請看看路邊的雜草。

它們在大太陽下
拼命努力地活下去。
沒有和誰競爭，
只是竭盡全力地活在這世上。
這就是生存的本質啊。
別管其他人怎麼樣，
那和你無關。

Tomy聊天室

184

不滿

所謂的不滿，
其實是面對生活的心態。

生活中隨時都會出現問題，
心態不改變，不滿就不會消失。
所以不管怎麼做，
總是難以消除不滿。
最好的方法就是改變心態：
把它當成快樂的事去享受。

Tomy聊天室
#7
堅強的愛
想贏過對方
卻因能力不足贏不了的時候，
就用堅強的愛去贏吧。
堅強的愛也就是
持之以恆堅持到底。
即使能力再好，
不幹了~
如同彗星般稍縱即逝的人相當多。
可是，5年、10年、30年始終在做
同一件事的人卻很少。
只要有愛，持久地做下去
一定會有成果。

Tomy聊天室

185

不必選擇艱辛的路

踏上選擇艱辛的路，
未必會有所成長。

有些人以為選擇艱辛的路比較好，
卻搞得筋疲力盡。
其實就算沒那麼做，
人生也會出現許多試煉。
為了迎接那個時刻最好保留體力，
平常輕鬆地過就好。

Tomy聊天室

186

只專注眼前的事就好

長大之後，煩惱變多是因為無法專注於眼前的事。

不管做什麼，總會分心去想別的事。假如想到不好的事就會開始煩惱。若像小時候那樣專注於眼前的景色、料理或談話，心情自然會放鬆。

Tomy聊天室

187

感到寂寞

上了年紀後，
感到寂寞的事會越來越多。

可是啊，那只是因為你的人生經驗變豐富了。
除了寂寞，
有趣和開心的事也變多啦。
至於美好的事，
只是沒去想起就忘記了，
不過如此而已。

Tomy聊天室

188

一句話的力量

今天去連鎖咖啡廳，
聽到店員說
「感謝您一直以來的惠顧」。

對方並不是熟識的店員，
只是偶爾才去的咖啡廳。
光是聽到「一直以來」這幾個字就覺得心情很好。
一句話的力量真驚人，特別是和人的情誼有關的話。
不花錢也不費力就能令內心感到祥和平靜。

Tomy聊天室

189

忍耐力

忍耐力是指
「養成不忍耐的思考」，
也是
「創造不忍耐的環境」。

所以說，不刻意忍耐就是忍耐力。
如果覺得自己在忍耐，就無法堅持下去。
「總會想到辦法！」
活著不就是這麼一回事嘛。

Tomy聊天室

190

想太多

活著本來就是
很奇怪的事啊。
生前死後
始終摸不透。

但，你現在好好地活著。
你的身體裡有自己的意識。
越深思越覺得真的好奇怪。
可是，想太多的人往往會出大事，
所以，千萬別想太多喔！

Tomy聊天室

191

宣戰

這是對說壞話的人大聲宣戰的方法。

「敢直接當面說三道四的人好棒喔！」
故意大聲地這樣說。
不過，這個方法只限
喜歡和人鬥又能從容應付的人喔。
如果沒這種打算，那就冷處理。
暗箭傷人沒必要，
偷偷摸摸講的話最討厭了。（椎名林檎*的口氣）

*譯註：日本女歌手，作風犀利直率。

Tomy聊天室

192

朋友少沒關係

朋友少沒關係，
沒朋友也沒差。
不必什麼事都告訴朋友。

想怎麼交朋友是你的自由，
只要你覺得自在愉快，那樣就夠了。

Tomy聊天室

193

做自己

最近越來越不想在別人面前刻意塑造好形象。

沒什麼好擔心，
能夠展現真正的個性，
反而更容易和別人處得來。
假如因此被討厭，表示彼此本來就合不來。
想被喜歡的話，
最好要有「被討厭也不在意」的心理準備。
不過，一定要懂得體貼喔！

Tomy聊天室

194

吃過苦的人

吃過苦的人
通常不會苦著一張臉，
而是洋溢喜樂。

他們明明面臨著
無法馬上有答案，
或是沒答案的問題。
看到那樣的人就會覺得獲得勇氣，
明白人即使身處艱苦的環境
依然有樂觀向上的正能量。

Tomy聊天室

195

脆弱的時候不要沉迷

為何脆弱的時候，
不能著迷於某個事物，
因為你會
迷失自我沉溺其中。

當你回過神時，
甚至可能已經無法自主思考。
變成那樣真的很可怕。

Tomy聊天室

196

你我都是唯一

你我都是世上唯一的存在。

就算你沒察覺，
對某人來說，你是無可取代的存在。
只不過對方不會
當著你的面說出那麼難為情的話。
可是，在某個地方一定
有人覺得「非你不可」。
人類就是這樣的存在，
因為我們不是從工廠裡複製生產的機器人啊。

Tomy聊天室

197

不要白費力氣

不知道想做什麼的時候，
最好選擇
沒有壓力的選項。

人生就像一場長跑，
確定有需要的時候再衝刺就好。
切記，不要白費力讓自己喘不過氣喔！

Tomy聊天室

198

好好享受

好好享受

你目前正在做的事，

那是讓人生變豐富的訣竅。

別把現在做的事當作「手段」，
因為手段很枯燥無趣。
如果是去旅行，出發地便是旅程的開始。
若是當成前往目的地的手段，就會一直想
能否順利抵達、如何打發時間，
那什麼都享受不了。

Tomy聊天室

199

擺脫他人擺佈

給正在受人擺佈的你：

你身邊有許多親朋好友，
不是只有眼前那個人。
況且那個人今後
未必會和你的人生有所牽扯，
沒必要被他耍得團團轉。

Tomy聊天室

200

船到橋頭自然直

不管人生再怎麼一帆風順，不安與不滿也不會憑空消失。

「要是這件事也順利的話」這種執念會產生不安或不滿。「船到橋頭自然直」只要像這樣告訴自己，就會覺得比較輕鬆。不需要講什麼大道理，那樣告訴自己就對了。

Tomy聊天室

201

真好人還是裝好人

真正的好人
才不會去想
「希望大家都覺得我是好人」。

那是只在乎自己的人才有的想法。
真好人還是裝好人，這個很重要。

Tomy聊天室

202

讓自己輕鬆的方法

思索讓自己輕鬆的方法時，

「我現在煩惱的事
真的有必要嗎？
是不是我自尋煩惱呢？」
像這樣問自己很重要。
先培養試著思考的習慣，
不但會有各種發現，
也會讓你變輕鬆喔。

Chapter 4

Tomy諮詢室

諮詢

「我不知道自己想做什麼，沒有夢想也沒有目標。我很羨慕説著『我想這麼做』而閃閃發光的人。我該如何是好？」（21歲，女性）

想做的事不是一開始就有的。

在每天的生活中，忽然對某個事物產生憧憬。例如「這個好有趣」，然後為此著迷。試著將那些小小的發現逐漸壯大成為夢想或目標。

你沒有夢想或目標，只是一直以來沒有那樣的發現而已。今後的每一天好好磨練感受力並耐心等待。試著去「尋找讓自己著迷的事物」，累積各種經驗。

就算出錯也別急著「要趕快找到」，尋找夢想或目標要樂在其中。老實說，即使找不到還是能活得好好的，沒必要驚慌失措。

我從小就愛看書，老往書店跑。本來很想成為作家，後來覺得這個夢想不切實際，不知不覺就不那麼想了。可是我沒忘記喔。成為醫生之後，透過部落格和推特連結啟動了這個夢想唷。你心裡應該也藏著夢想或目標的種子，只是你還沒發現而已。

Tomy聊天室

203

延後也沒關係

當你感到疲累時，
把「只剩一些」
延後處理比較好喔。

人總是想把事情
做到一個段落，
讓不斷累積的「只剩一些」搞得自己很累。
所以「只剩一些」的時候就延後也沒關係。

Tomy聊天室

204

壓力

壓力這東西，
不只是強度，
「持續多久」
也很重要。

就算是輕度壓力，持續很久也會造成大傷害。
雖然我們總是關注重度壓力，
但有時候處理掉持續很久的輕度壓力，
心情也會變輕鬆喔。

Tomy聊天室

205

丟臉也沒關係

回顧過往，
總會有感到丟臉的事，對吧！

沒關係啦，大家都是這樣。
而且啊，回想起來會覺得丟臉，
那是因為你懂得羞恥。
這表示你並非
不懂反省的無恥之人。

Tomy聊天室

206

中場休息

無論是誰都會有覺得
落後別人的時期，
那只是早晚的問題。

不過，這個時期感受到的痛苦或懊悔非常重要喔。
這就好比中場休息，
耐心等待，總有一天能夠再上場。
把煩惱也當作學習吧。

Tomy聊天室

207

擺脫孤獨

孤獨的不安
可以藉由照顧別人
稍微獲得緩解。

「孤獨的不安」的本質是
擔心「對方可能會消失」。
既然如此，主動與人接觸就好啦。
被動等待會讓不安變得更強烈。

Tomy聊天室

208

自覺

要改變生活方式或個性，
有些事馬上就能實行，
但多半仍是
「沒那麼簡單」的事。

不過，「希望能夠這樣」的自覺和「那樣沒辦法啦」的想法是截然不同的喔。只要有自覺，就能慢慢修正自己。久而久之會有很大的改變。

Tomy聊天室

209

自卑感

人外有人，天外有天。
再優秀的人也會遇到
比他更出色的人。

話雖如此，
但並不是所有人都會感到自卑。
老是抬頭看著別人，脖子會很痠。
所以重點不是仰望身邊的他人，
而是凝視遠方的目的地。

Tomy聊天室

210

順其自然

逃避討厭的事
也會耗費力氣，
所以很累喔。

不過，
全力以赴也很累。
這樣的話，原封不動地擱著
不就好了。
有喜歡的事
就會有討厭的事，順其自然吧！

Tomy聊天室

211

人生沒有你想的那麼長

人生是實踐活著這件事的舞台喔！

人生不只是用來思考的舞台。
與其去煩惱、不安或後悔，
想到不錯的事就去做吧。
做了之後，自然不太會想東想西。
而且，人生沒有你想的那麼長。

Tomy聊天室

212

別人的存在根本不存在

很多煩惱來自人際關係。
不過，說到底
「別人的存在根本不存在」。

雖然你確實存在，
別人的存在卻只是你的認知。
人際關係的煩惱，
其實也是與自己的交戰，
如果為了人際關係而感到心累，
只要淡化對方的存在就好了。

Tomy聊天室

213

遠離負面的人

「我過得好辛苦喔」
滿腦子都是
這種想法的人，
最好別接近。

他們聽不進別人說的話，只想尋求共鳴。
這樣的人具有攻擊性，
有時還會將矛頭指向你。
在他們能夠冷靜思考之前，
遠遠地、默默觀察就好。

Tomy聊天室

214

真正的幸福

即使生活富裕、
功成名就，
若是對幸福不抱期待
就不會變幸福。

反之，就算生活不富裕、毫無成就，
只要對幸福抱有期待就會變幸福。
想法和行動能造就幸福。

Tomy聊天室

215

人生的逗點

如果想畫下句點，
不妨先試著
畫下逗點。

假如畫下逗點，
一段文章的前後會變得截然不同。
句點只能畫一次，
而逗點卻能畫無數次。

Tomy聊天室

216

別計較

不管是誰都不應該
隨便否定
別人的人生。

每個人都會有糟糕的時期，
不了解就隨意評斷的人實在愚蠢至極，
所以就別跟他計較了。

Tomy聊天室

217

把不滿的臭臉變笑容

心懷不滿很吃虧。
因為就算覺得不滿，
現狀也不會有所改變，不是嗎？

能夠改變的事就去改變，
改變不了的事就看開，
把臉洗乾淨，讓臉上的不滿變成笑容吧！
這樣的表情至少比毫無益處的不滿臭臉更美麗喔。

Tomy聊天室

218

人生沒有終點

人生有終點是錯誤的想法喔。

人生是由現在的每一刻不斷地緊密串連而成。倘若受制於虛構的終點，和他人進行無謂的比較，不自覺感到焦慮，把自己逼入死角那可不行喔。

Tomy聊天室

219

值得的事情

「為了這件事耗掉人生一部分的時間」經常要有這樣的心理準備。

時間不像金錢會增加，它會以一定的速度消耗掉。發呆也好，玩樂也好，工作也行。只要你覺得把人生一部分的時間用在那些事是值得的就夠了。

Tomy聊天室

220

別對自己的心說謊

不可以
對自己的心說謊。

這不是在說漂亮話，
因為自己才是自己最重要的夥伴。
可是，如果習慣對自己說謊，
就連自己都無法成為夥伴。
你的心只屬於你，
無論你想到什麼、感受到什麼，
完全不必覺得難為情。

Tomy聊天室

221

吃得飽睡得著

說穿了，如果晚上睡得著，飯也吃得津津有味的話，一切都會好轉的。

我為病患進行壓力的治療，就是為了這兩件事。尤其是睡眠這件事無法解決的時候，最好去看精神科。

Tomy聊天室
#8
壓力這東西……
壓力這東西
就像醬菜桶上的重石。
少了它，
我們就無法
達到成熟狀態。
不過，
太重的話，
醬菜桶會被壓垮。
別去想
如何消除壓力，
緊盯～
忐忑
不安
只要適度地
調整
壓力的強度
就好了。
GOOD!
喔喔

後記

看完本書，各位覺得我的「高效解憂語錄」如何呢？心情有沒有變輕鬆一點呢？

書中收錄的話語，有兩個主要來源。首先是每天的看診。病患除了要治療心理疾病，生活中也背負著不同的煩惱。那些煩惱也會影響他們的病情。看診時，與患者閒聊之中，我總會想到「啊，如果是這樣想的話呢？」腦中浮現各種想法。

其次是自身的體驗。三十多歲時，我的人生出現很大的轉捩點。家父以及相伴七年半的伴侶相繼離開。工作上也有很大的變化，問題接連發生，必須獨自面對，獨自解決內心的問題。

幸好，我有一項絕技——煩惱的時候，腦中會閃現類似旁白的建議，告訴我「這時候就這樣想吧」。

那些有用的想法也會與患者分享，同時吸收看診時浮現的想法。這兩個來源相輔相成，不知不覺構成了我獨特的人生哲學。

所謂的人生，一旦開始終究會結束。自己的心情只有自己知道，每個人都是如此。倘若透過本書能讓各位更加輕鬆克服常見的問題，了解「活著」真的是很棒的事，我會感到無比開心。

最後衷心感謝讓本書有機會問世的Diamond出版社的齋藤順編輯，以及閱讀本書的所有讀者。

祝福各位的人生變得更加閃耀。

精神科醫師Ｔｏｍｙ

二〇二〇年二月

wellness 16

愛哭的人才不是膽小鬼

超過20萬粉絲追蹤的精神科醫師開給你的不藥處方！1秒掃除不安與煩惱的高效解憂語錄

原著書名／精神科医Tomyが教える 1秒で不安が吹き飛ぶ言葉
作　　者／Tomy
譯　　者／連雪雅
特約校對／余采珊

總 編 輯／王秀婷
主　　編／洪淑暖
版　　權／徐昉驊
行銷業務／黃明雪、林佳穎

發 行 人／凃玉雲
出　　版／積木文化
104台北市民生東路二段141號5樓
官方部落格：http://cubepress.com.tw/
電話：(02) 2500-7696　傳真：(02) 2500-1953
讀者服務信箱：service_cube@hmg.com.tw

發　　行／英屬蓋曼群島商家庭傳媒股份有限公司城邦分公司
台北市民生東路二段141號5樓
讀者服務專線：(02)25007718-9　24小時傳真專線：(02)25001990-1
服務時間：週一至週五上午09:30-12:00、下午13:30-17:00
郵撥：19863813　戶名：書虫股份有限公司
網站：城邦讀書花園　網址：www.cite.com.tw

香港發行所／城邦（香港）出版集團有限公司
香港灣仔駱克道193號東超商業中心1樓
電話：852-25086231　傳真：852-25789337
電子信箱：hkcite@biznetvigator.com

馬新發行所／城邦（馬新）出版集團 Cite (M) Sdn Bhd
41, Jalan Radin Anum, Bandar Baru Sri Petaling,
57000 Kuala Lumpur, Malaysia.
電話：603-90578822　傳真：603-90576622
email: cite@cite.com.my

封面設計／曲文瑩
製版印刷／上晴彩色印刷製版有限公司

城邦讀書花園 www.cite.com.tw

2020年3月4日 初版一刷
定價／320元　ISBN 978-986-459-267-8

國家圖書館出版品預行編目(CIP)資料

愛哭的人才不是膽小鬼：超過20萬粉絲追蹤的精神科醫師開給你的不藥處方！1秒掃除不安與煩惱的高效解憂語錄/Tomy著；連雪雅譯. -- 初版. -- 臺北市：積木文化出版：英屬蓋曼群島商家庭傳媒股份有限公司城邦分公司發行, 2021.03
256面；12.8×19公分. --（Wellness；16）
譯自：精神科医Tomyが教える 1秒で不安が吹き飛ぶ言葉
ISBN 978-986-459-267-8（平裝）

1.自我肯定 2.心理衛生

177.2　　110001097